著名漫画家 **蔡志忠** 倾情推荐

☆ 我的第一本历史知识漫画书 ☆

历史画中话

夏商：文明从这里起步

沈山明 李 冰 编

· 学习历史知识 · 培养阅读兴趣 · 拓宽文化视野 · 启迪人生智慧

江西高校出版社
JIANGXI UNIVERSITIES AND COLLEGES PRESS

总书目

远古：神话诞生的时代

盘古开天地　大神女娲　后羿传奇
神农尝百草　炎黄联盟　尧舜禅让

夏商：文明从这里起步

大禹治水　夏启夺位　少康中兴
贤相伊尹　武丁选贤　暴虐的纣

文治武功“画”西周

姜太公钓鱼　武王伐纣　伯夷叔齐
周公辅国　烽火戏诸侯

群雄并起“画”春秋（上）

黄泉相见　周郑交恶　好鹤亡国
管鲍之交　齐桓公争霸　晏婴使楚

群雄并起“画”春秋（中）

曹刿论战　大义灭亲　仁义宋襄公
流亡公子　退避三舍

群雄并起“画”春秋（下）

羊皮换相　牛贩子退兵　放虎归山
一鸣惊人　庄王治楚　伍子胥传奇
吴越恩仇

逐鹿中原“画”战国（上）

三家分晋　完璧归赵　负荆请罪
田单复国　张仪欺楚　屈原投江

逐鹿中原“画”战国（下）

商鞅变法　长平之战　鸡鸣狗盗
毛遂自荐　窃符救赵　娶妻招祸
孙膑斗庞涓

诸子百家，东周风雅（上）

万世师表　关雎　无衣
硕鼠　氓　东山
孟母三迁

诸子百家，东周风雅（下）

老子留书　庄周梦蝶　孙武练兵
墨子救宋　韩非之死　神医扁鹊

盛衰骤变秦帝国（上）

奇货可居　君臣之争　中华始皇帝

盛衰骤变秦帝国（下）

指鹿为马　揭竿起义　巨鹿之战
刘邦起兵　鸿门宴　楚汉之争

西汉：大风起兮云飞扬（上）

刘邦诛韩信　吕后传奇　缇萦救父
执法不阿张释之　七王之乱

西汉：大风起兮云飞扬（中）

飞将军李广　张骞通西域　漠北之战
苏武牧羊　狱中天子　昭君出塞

西汉：大风起兮云飞扬（下）

奇人东方朔　凤求凰　千秋史笔
假面王莽　赤眉起义

东汉：豪强争霸的朝代（上）

光武兴汉　隐士严子陵　投笔从戎
跋扈将军梁冀　党锢之祸　黄巾起义

东汉：豪强争霸的朝代（下）

董卓弄权　武夫吕布　枭雄少年
官渡之战

三国：青梅煮酒论英雄（上）

桃园结义　煮酒论英雄　三顾茅庐
崛起江东　火烧赤壁

三国：青梅煮酒论英雄（中）

威震逍遥津　大意失荆州　兄弟相煎
火烧连营　七擒孟获

三国：青梅煮酒论英雄（下）

徐庶进曹营　忠勇典韦　狂生祢衡
智士程昱　失街亭　星陨五丈原

暗流涌动西东晋

高平陵政变　贾后乱晋　晋明帝除霸
淝水之战

纷争动荡南北朝

刘裕北伐　自毁长城　梁武帝佞佛
助子兴国　女杰冯太后　孝文帝迁都

两晋名士展风流

名士阮籍　书圣王羲之　靖节先生
纵情谢灵运　昭明太子　谯国夫人

兴亡之殇隋王朝

禅代北周　玉树后庭花　独孤皇后
杨广谋位　下江都　瓦岗烟尘
晋阳起兵

巍巍大唐，天朝盛世（上）

秦王李世明　玄武门之变　一代名相魏徵
文成公主　少女媚娘　一代女皇

巍巍大唐，天朝盛世（中）

韦氏乱朝　贵妃杨玉环　魂断马嵬坡
安史之乱

巍巍大唐，天朝盛世（下）

李愬取蔡州　甘露之变　牛李党争
小太宗唐宣宗　黄巢民变

乱世烽火，五代十国

朱温代唐　优伶天子　郭威建周
不倒翁冯道　南唐遗恨　花蕊夫人
海龙王钱镠

屈辱与抗争的大宋王朝（上）

陈桥兵变　杯酒释兵权　烛影斧声
无敌将军杨业　澶渊之盟
传奇宰相寇准　王安石与司马光
奸相蔡京

屈辱与抗争的大宋王朝（下）

靖康之耻　精忠岳飞　贾似道误国
正气文天祥　陆秀夫蹈海

能征善战的辽夏金

阿保机兴辽　承天萧太后　夏王元昊
阿骨打建国　海上之盟　枭雄海陵王

马背上的大元帝国

成吉思汗　贤相耶律楚材
长子西征　马可·波罗

内忧外患明王朝（上）

草莽皇帝朱元璋　胡惟庸党案
靖难之变　郑和下西洋

内忧外患明王朝（中）

土木堡之变　南宫复辟　首辅张居正
奸相严嵩　赫赫九千岁

内忧外患明王朝（下）

明宫三大案　闯王李自成
吴三桂与陈圆圆　袁崇焕之死

唐宋元明，文化的盛筵（上）

诗仙李白　诗圣杜甫
平民诗人白居易　韩愈谏迎佛骨
玄奘西游　鉴真东渡　六祖惠能

目录
CONTENTS

夏商，公天下到家天下

夏商王朝的出现，标志着中华民族文明进入了一个崭新的阶段。从此以后，人类的轨迹就发生了翻天覆地的变化，从原始部落联盟首领禅让制，彻底走向了家天下。为什么会出现这种历史的巨变呢？请听我细细说来。

夏

夏朝出现在约公元前 21 世纪至约公元前 16 世纪，它是中国史书中记载的第一个世袭制朝代。据说夏朝是由多个部落联盟组成的国家。到底这个国家有多大呢？考证发现，它西起河南西部、山西南部，东至河南、山东和河北三省的交界处，南达湖北北部，北及河北南部。夏朝共传 14 代，延续约 471 年，为商朝所灭。后人常以“华夏子孙”自称，“华夏”成为中国的代名词。

你是不是想问：谁吃了豹子胆，敢破坏尧舜建立的禅让制，把王位传给自己的儿子？这得从大禹说起。

当时的部落联盟首领尧，为解除水患，召开部落联盟会议，推举鲧去完成这个任务。但鲧治水九年，以失败告终。舜继位后，任命鲧的儿子禹来治水。禹接受任务后，总结失败原因，终于找到了根治洪水的办法。为了争取时间，他“三过家门而不入”，在他的努力下，终于彻底解决了洪水泛滥的问题。

舜年老以后，就把部落联盟首领的位子禅让给了禹。禹死后，他所在的夏部落贵族拥戴禹的儿子启继承了禹的位子。这样一来，原本一直沿袭下来的禅让制正式被废除，启的继位开始了中国第一个世袭制王朝——夏朝，也从此开始了以父死子继为核心的家天下王朝体制。

商

历史上流传了不少关于商朝的传奇故事，是真是假，无从考证。不过，有史为证的是商朝的存在。商朝是在约公元前 1600 年至约公元前 1046 年，它是中国第一个有直接的文字记载的王朝。只是夏王朝好好的怎么就被推翻了呢？又是谁吃了豹子胆，敢在太岁头上动土呢？

嘿嘿，有句俗话说得好："积水成渊，蛟龙生焉。"原来，到了夏朝末年，商部落经过多年的打拼，势力由黄河下游发展到中游，并且逐渐渗透到了夏王朝的统治地区，后来又建立了强大的部落联盟。于是，商部落在商汤的领导下，举起了反抗的旗帜，直捣夏王朝，消灭了夏桀，建立了商王朝。

历史就是这样，巨人吼一吼，地球抖一抖。那么，在夏商王朝都发生了哪些触目惊心的故事呢？不妨往下看看。

大禹治水

尧舜时代，洪水泛滥，祸害生灵。大禹之父鲧奉命治水，九年无功，终被赐死。大禹继承父志，决心根治水患，造福黎民，他十三年来辛劳治水，三过家门而不入，父子相见不相识……

父亲……
禹的父亲鲧曾用堵截法治水9年，但洪水经常冲塌堤坝，导致水灾闹得更凶。因此，尧派祝融用雷处死了鲧的父亲……
大家努力，我们一定能战胜洪水！
救命啊！
救命啊！
唉，父亲，您的遗愿我现在还没能完成。

洪水依然每年泛滥，我却还没能想出治理的方法。
哗哗哗——
我已经试验过无数种巩固堤坝的方法，但总是无法完全堵截洪水。
洪水的水势会随着堤坝的增高而变强，经常会冲毁堤坝。
禹大哥，好消息！
真的？大首领竟然能够相信我？！那我就有实现父亲遗愿的机会了！
伯益，什么事这么高兴？
大首领任命你总管治理洪水！
大首领派来的使者就在后面，我先来给你报信！
禹大哥，你答应过要带我去治水的！
我要为在洪水中丧生的父亲报仇！

女娇：传说是大禹的妻子，也称为涂山氏。

汩汩——
啊，水顺着低洼处的河道走，竟然没有泛滥……
难道说这样比堵截更能有效控制水势？
对！用疏导法！这样就能控制洪水了！
伯益，我们走！
我想到有效治理洪水的办法了！
禹大哥，真的吗？

禹——
嘿哟——嘿——哟——
新任的治水官可真奇怪，不让我们去加固堤坝，却让我们在这儿挖深废弃的旧河道。
是啊，我们一直都用加固堤坝的方法来防洪。
真不知道禹想干什么。
希望禹不会像他父亲鲧那样治水失败。
但是，大首领和禹见过面以后，好像很信任禹啊！
我们至少应该相信大首领的选择。
禹大哥，山那边的引水渠完工了！
这边的河道工程也差不多完成了。

伯益，你通知大家上岸，我要把洪水引到河道里来了！
听说今年上游暴雨，洪水很猛烈呀！
希望禹的方法真能制住洪水，不然我的部落肯定会被淹没的。
大家快看！洪水过来了！
洪水进河道了！
村庄得救了！
噢！禹！噢！禹！
禹大哥，洪水走这条河道，就不会威胁到邻近的几个部落了！
是啊，洪水是没办法完全堵住的，我们唯有让它按我们的计划走。
疏导法比堵截法更有利于治水！
我们以后就秉持疏导的原则来治水！
是！禹大哥！

哒哒——
听说女娇姐姐给你生了个儿子，你还没见过吧？
要不我们耽搁一下，你回家抱抱孩子吧。
……
哇哇——
禹大哥，到你家了！
禹怎么还不来？这里没有他的指挥不行呀！
改日吧！
现在下游的河道还等着我去指挥施工呢！
唉……

禹大哥，最近治水工程很顺利啊，你怎么还叹气？
现在临近秋收，各部落都需要大量劳力去田里收割。
而我们这边也马上面临开山的大工程。
那就是说各部落不能再给我们增援喽？
我们治水很有成效，各部落表示还能支援我们少量人力。
但为了不影响生产，我希望能在够用的前提下尽可能地减少人力。
如果能够测量要开凿的山的高度，我就能估算所需人数了。
嘻！
噢！我踩到你的头喽！

小讨厌，不是告诉你没事别来工地吗？
哈哈，你有本事也踩我的影子啊！
……
影子？
对呀！我可以利用影子来测量山的高度呀！
禹怎么了？
禹大哥肯定又想到好主意了。
禹想出用影子来确定山高的方法。这方法是基于太阳在每天两个特定时刻，会使影子与实物等高的原则。禹在治水过程中，为了测量山高和河道宽度，还发明了准绳和规矩等测量工具。
禹的测量方法提高了治水工程的效率，他在百姓中的声望更高了。

上游一带的河道已基本连通……
禹！
爹……
启，爹爹来了！快叫爹爹！
是……启吗？
已经会叫爹了？！
禹大哥，快下马抱抱儿子吧！
您还没抱过他呢！
嗯！
禹大人！有部落和我们起冲突了！
什么？我们快走！

在哪里？
怎么回事？
……
禹！你怎么那么狠心！
娘……
不行！凭什么要让我们的部落被淹？！
可恶！我们辛苦治水，为的是大家都能安心过日子！
你以为我们没事做，故意放水来淹你们吗？
哼！我们会誓死保卫家园！你们要敢放水，我们就和你们拼了！
你们敢阻拦我们治水，我们才要和你们拼了！
拼了！拼了！

住手！
禹！
禹，一定要让洪水淹没我们的部落吗？
我们很相信您治水，但为什么要把我们赶出家园呢？
大家听我说，我并不是要把你们赶离家园，只是希望你们先迁徙到附近的高地上去。
你们部落在山谷中，地势很低，遇上暴雨就容易闹水灾。
而这里的地势低，很适合当河道。
当我们把黄河水引过来，河水每年都会从上游冲下肥沃的土壤，这样形成的广大田地，可以让你们的家园更加富饶啊！

沉默
好吧，我们相信你，禹兄弟。
谢谢大家！我们一定会实现诺言的！
禹在治水过程中，为顺利疏导河道，动员了很多部落移民，也开发出了很多良田。
禹大哥，我们就快路过你家了，正好回去看看吧。
治水工程进行到关键部分，时间很紧，我们要从小路绕过去，回家的事以后再说吧！
哎哟！

禹大哥，怎么了？
没什么，鞋坏了。
叔叔，给你这个，止血很管用的。
谢谢你，好孩子。
你怎么一个人在山里玩，不害怕吗？
我叫启，叔叔。
我家就在前面，所以我才在这里玩。
启？你娘是不是叫女娇？你爹是不是叫禹？
叔叔，你认识我爹娘？

启，我就是你爹啊！
你就是我爹禹？真的吗？
爹，你快跟我回家，我和娘每天都在想你！
是啊，禹大哥！您都十年没有回家了，难得走到家门口，就回去歇歇吧！我正好可以去把马给找回来。
启，爹很对不起你。
但是爹现在治水到了关键时候，不能跟你回家。
等爹治好洪水，一定回家好好陪你和你娘。

龙关山：也叫龙门山，位于山西省河津市西北12公里的黄河岸边。东西两山夹河，悬崖绝壁，相对而立，形状似门。

铿铿——
砰砰——
禹大哥，您先休息一下吧。
您太辛苦了。
知道了。
出水了，大家加油啊！
好哇！大家继续！
大家停手！全部上岸去！
禹兄弟，我们不是快要成功了吗？

大家都听禹
大哥命令！
伯益，你
知道禹为
什么不让
我们继续
开凿吗？
我也不知道，
不过禹大哥的
话肯定没错！
大家快来！
隧道里有声
音传来！
什么？
什么声音？

愚人妄语

同样是治水，鲧失败了，禹成功了。这是为什么呢？方法不一样，一个堵，一个导。越堵积水越多，当大堤承受不了时，洪水自然就会泛滥成灾；“导”则不同，稍有积水，就疏通沟渠，让水流回归大海。做人做事也是一样啊！俗话说：“防民之口，甚于防川；川壅而溃，伤人必多。”历史的教训历历在目，绝不可视而不见呀。

谈天说地

二里头文化

距今将近四千年的二里头文化，对我们来说，确实有点陌生。可是，它的存在，是我国古代历史的重要见证，我们千万不要数典忘祖啊。

也许你要问，为什么叫“二里头文化”呢？其实，二里头是一个地名，具体来说，就是洛阳偃师的二里头。二里头文化既包含了二里头遗址的文化，又包括了二里头遗址之外具有二里头遗址文化特征的上百处遗址所反映的文化面貌。二里头遗址南临古洛河、北依邙山、背靠黄河，范围包括二里头、圪垱头和四角楼等三个自然村，面积不少于三平方公里，是夏代晚期的都城遗址。考古学家在遗址内发现有宫殿、居民区、制陶作坊、铸铜作坊、窖穴、墓葬等遗迹。其中还出土了大量的石器、陶器、玉器、铜器、骨角器及蚌器等。说起来也许你不相信，里面的青铜爵是目前发现的中国最早的青铜容器呢。

二里头遗址是二里头文化的命名地，并初步被确认为夏代晚期都城遗址。

夏启夺位

中国历史上第一个世袭制朝代开始于禹的儿子启，他破坏禅让制，继承王位，建立夏王朝。然而，启是如何一步一步登上王位的呢？究竟世袭制是历史的偶然，还是社会发展的必然呢？

大首领，我们部落又发生水患了，恳求大首领派伯益大人去协助治水。
大首领，让我去吧，我可以独自处理！
不行，
伯益，作为继承人要留在我身边辅佐我处理各族政务。
这……
还是派启去协助治水吧，他得我真传，通地理、水脉，足以独当一面了！
也好，谢大首领！
启遵命！
疏通河道放水！大家快避开！
快，大家快上来！
轰轰——
呃？！
啊！
快走！
啊！

启大人，您没事吧？
哇哇——
启大人！
轰轰——
启不负众望，出色地治理了几处水患，声名大起。
启！启！启！启！
启大人，您到我们村里歇歇脚吧！
谢谢您的好意，大家安全就好，我还要赶去下一个水患处呢。
果然是虎父无犬子！启大人有恩于我部落，日后只要大首领或启大人吩咐，我族必竭力以报！
这是我作为大首领的长子应该做的。
父亲，不到一年，儿子已经如您所愿，至少让五个部族对我感恩戴德了！
父亲，如今大首领派启四处治水，我有点担忧。
这有什么好担忧的？除我之外最精通治水之术的就数启了，既然我要辅佐政务，自然是派启去治水了。

可是这么一来，启在各部落中威望渐高，我不知大首领是何居心……
大廉，不可胡乱猜测大首领！大首领已经立我为继承人了，这还不够吗？
父亲……
在禹看来，启现有的声望仍不足以支持启继位，启还需要加强对军队的控制力。
现在军中的将领当年都曾跟随我讨伐过三苗，已经老了，近期我打算更换一批新将领。
启，我知道你有一帮好兄弟，不知他们愿不愿意加入军队，保卫部落呢？
他们一定愿意的，我代他们谢过父亲！
哈哈哈，我从小就想加入军队，没想到一下子还当上了将领！
启，大首领不会想等伯益大人继位后，让你当军事总管吧？
你觉得我只能总管军事吗？
难道……大首领要让你接管……
！！！
嗯！
以后就要靠你们了！
好兄弟，没问题！

会稽山：指的是浙江省绍兴古城东郊的宛委山。

几日后
大首领，防风氏来迟。
防风氏，你部落离会稽山最近，为何还会迟到？不把我当大首领了吗？！
当然不是！大首领，我部落里恰好有点事，况且朝拜而已，迟到一两天没什么大不了的嘛！
朝拜而已？！防风氏，你竟公然违抗大首领的命令，简直是造反！启，你说该怎么办？
谋反就应处死，皋陶大人在世也会这么做的。大首领有权处死任何一个有谋反之心的氏族首领！
把防风氏拉出去！
啊！大……大首领你……
幸好及时来了！
果然后果很严重……
吾等愿永远跟随大首领和启大人！
这一招杀鸡儆猴，各部落都不得不对禹俯首帖耳，唯命是从。

启，为父在你年幼时为了治水，十三年不入家门，最后换来的是这个大首领之位。
“国王”生活没持续多久，禹就大病不起。
所以为了补偿你，为父把经营了一辈子的天下留给你。
你的羽翼已经丰满，只需要再笼络一些首领，就可以行动了。
但有一件事我必须嘱咐你，伯益曾经是我的好兄弟，他是看着你长大的，不要对他做得太绝了。
放心吧，父亲！
大首领……
禹没来得及看匆匆赶来的伯益一眼，就安详地走了。
伯益叔叔，父亲让我转告你：天下之事就交给你了。
启……
我会让大首领放心的。
伯益安葬了禹后，按照惯例为禹挂孝三年。在这三年中，忠厚的伯益专心处理政务，准备三年一过就继承大首领之位。

当年大禹为舜举行葬礼后，曾将继承人地位让给舜的儿子，但没被接受。这次，伯益效仿大禹的往例，避居起来，假意将王位让给禹的儿子启。

既然伯益大人决意让位，各位又如此支持，我就只好从命了。
吾等愿归顺启大首领——
叽叽喳喳
父亲，您不用等了，首领们不会来接您的。他们已经拥立启为大首领了！
什么？！可是禹和启当年说要让我……
我早说过的，启他早有夺位的打算！
大廉，那现在怎么办？起兵夺位吗？那岂不是愧对禹的在天之灵？

是他们先不仁不义的！我已经召集了一队拥护您的士兵，父亲，起兵夺位吧！
那……也只能这么办了！
啊……
大廉——
伯益及其长子大廉屯兵谋反，我们奉启大首领之命，将谋反者处死！
启！你竟然……
启早就做好了防范措施，伯益刚有起兵之意，埋伏的大军就将伯益的小队人马全部歼灭，伯益被杀。
啊——
啊——
父亲，您在天之灵安息吧，莫怪儿臣不念旧情处死伯益，留下他会成大患的！

钧台：古台名，也被称为夏台，位于今河南省禹县。

愚人妄语

禹是不是真的想把王位传给夏启，我们不得而知。但是，在他的有生之年，把儿子放在最艰难的地方建功立业，让儿子立功立德，这是不争的事实。有了功德，就能众望所归，王天下的基础就牢固了。

谈天说地

世袭制的建立

本来好好的禅让制，在禹死后却被破坏了，王位传给了禹的儿子启。这前前后后到底发生了哪些鲜为人知的事情呢？说来话长。

夏族原本是居住在黄河中游的一个历史悠久的部落。舜在位时，禹因治水有功，被舜举荐为继承人。舜死后，禹继承王位，史称禹王，建都阳城（今河南登封）。主要统治区域为今河南中北部和山西西南部。禹即位以后，一改前代君王的做法，建立了奴隶占有制国家。不过，他在临死之前，还是按照老传统，推选了东夷的一位名叫伯益的首领作为他的继承人。谁知天有不测风云，禹死后，许多部落首领反对伯益继位，而拥护禹的儿子夏启继承王位。王位世袭制就此诞生了。

夏启也因此成为了中国历史上由禅让制变为世袭制的第一人。

少康中兴

少康从小就很聪明，他刚懂事的时候，母亲就告诉他祖上失国的惨痛经过，叮嘱他日后要报仇雪耻，复兴夏朝。从此，他发愤图强，立志要夺回天下。

洛水：源出今陕西省商州洛南县。

太康打猎归来，发现都城已经被东夷族有穷氏首领后羿占领，后羿是射日英雄羿的后人，以擅射著称。太康见自己不是后羿的对手，只好逃亡到洛水北岸，后来郁郁寡欢而亡。
太康的弟弟仲康也被后羿逼死，他的儿子夏后相带着随从逃到帝丘，投靠了同姓的诸侯斟灌氏和斟氏。
后羿得天下后，没有吸取太康的教训，整天吃喝玩乐，不问朝政，而让奸臣寒浞代他管理国家。寒浞是个野心家，他表面忠于后羿，背后却四处收买人心，准备夺权。
大王，臣妾敬你！
哈哈，美人的酒我可不敢不喝！
几日前
呵呵，你就使劲儿喝吧，等会儿就有你好看的了！
寒浞大人，您真能帮我报仇吗？
嗯！玄妻你就放心吧！
后羿不仅杀你儿子伯封，还把你抢来做妻子，这样的昏君当然要除掉！而你只要在宴会上把他灌醉，我定能帮你报仇！

帝丘：今河南省濮阳市，据传五帝之一的颛顼曾以此为都，故有“帝都”之誉。

帝丘城内
可现在兵力还是无法和寒浞抗衡。
唉，到帝丘后，我虽然励精图治，一直在准备复国。
夫君……
不行！要走一起走！
……
后缗，你逃吧！你要保住我夏朝最后的血脉和希望！
寒浞是不会放过我的！我必须死守在这里，才能牵制住他。你把孩子好好养大，再让他来为我报仇！
快带夫人走！
夫人，我们快走吧！
大家杀啊！冲啊！
夫人，到处都是敌兵，我们怎么逃出城呢？
这里有个洞！
夫人，您小心点儿。
哈哈哈哈！
大家把财宝都带回去，这里的所有夏人也带回去做奴隶！
拿完财宝，就把这个帝丘城放火烧掉！
是！

寒浞！你等着！我儿定会报此国耻家仇的！
哇哇……
历尽千辛万苦，后缗回了娘家有仍氏……
女儿啊，是个男孩，你取个名吧。
就叫少康吧。
你以后一定要牢记复国雪耻啊！
哈哈，少康，来这里抓我们啊！
呵呵，这是为了让他了解百姓的生活，有利于他日后成为一个爱民的国君，你就放心吧！
父亲，让少康这样和平民的孩子一起玩，好吗？
嘿！哈！
知道了！
少康！大王叫你！

遗腹子：指父亲死后才出生的孩子。

咩
祖父，您来视察吗？
呵呵，您看，在我的照管下，牛羊可是只有增加，没有半只丢失呢！
我知道，好孩子。
孩子，寒浞知道你在我这儿了。
他派人来抓你，你赶快逃走吧！
那祖父您……
剩下的事我会处理好！
你赶快走吧！
椒大人，请！

椒大人要带走少康这个孽障，真是太好了！
呵呵，为什么呢？
这个畜生，整天只知打猎游玩，专给我添麻烦！
我早已后悔当初收留他们母子了，现在椒大人要带走他，真是帮了我的大忙……
禀大王！
少康出去游猎已五天未归，恐怕已经被野兽吃了。是否要派人寻找？
哼！死了才好！省得我费心！
不过，人虽死了，却不能让椒大人白跑一趟。
外面有二十头牛羊，是送给椒大人的。
这……

刚才那几个舞女也请椒大人一并带回，好伺候大人。
还望椒大人在寒浞大王面前多多美言。
那……好吧。
少康离开有仍国后，风餐露宿，吃尽苦头。
喂，等等！你这个样子，不会是从哪里逃出来的奴隶吧？
我不是！
他没有奴隶的标记，放了他吧！
哈哈，小子，赶快离开这里！
不然大爷们就让你真变成奴隶了！
为了复国，我必须忍！
流浪一段时间以后，少康听说舜的后人有虞国国君为人贤明，便去投奔了有虞国。

庖正：商朝管理王室膳食的官职名。

虽然我只是一个小小的庖正，但我也有我的规矩要遵守。
还请姑娘替我跟公主说明。
哼，你等着吧！
庖正竟敢违抗我的命令！我非让父王撤掉他的官职不可！
小妹，要去见父王吗？
姐姐！
不过，你怎么一脸不高兴的样子呢？
原来是这样。

但是，你就为这个去找父王，估计父王不但不会帮你，还会教训你的。
那怎么办？总不能让我放过那个狂妄的庖正吧？
有了！我去查他的罪证，这样父王就会把他赶出去了！当庖正的官都爱贪污，我就不信这个假正经能例外！
小妹！
把这些粮食放到储藏室内……
呵呵。
少康房间内
一、二、三……
可恶！找了半天还是没能找到那家伙贪污的罪证！
这个混蛋，隐藏得还真好！
唉！

唉……
身为大禹的后人，我何时才能恢复夏朝呢？
……
姐姐！你知道吗？那个庖正少康竟然是大禹的后人！
难怪他能那么忠于职守，让人敬佩呢！
敬佩？
是啊，可前几天还有人一心想找这个值得敬佩的人的麻烦呢！
姐姐！

冬去春来
你们觉得少康这个人怎么样？
少康很有才能，且为人忠诚可靠。
少康还很廉洁，从不利用职务贪污。
嗯，我也很欣赏这个年轻人。
我打算把两个女儿许配给他，并把纶封给他。
少康带着两位妻子来到了封地纶。
少康到纶后，励精图治，重用贤才，赏功罚罪，重视农业发展。几年后，纶就出现了一片安康的景象。
夫君，你辛苦一天了，先喝点儿水，休息一下吧。
也辛苦你们了！为起到带头作用，你们要像普通妇女那样纺纱织布。

夫君，快进来！大家都在屋子里面等你！
自从你宣布要像先祖大禹那样勤政爱民，就有好多有志之士来纶邑投靠你呢！
我知道，所以才赶回来的呀！
少康利用大禹的声望，聚集了一批能人在身边，为复国做着最后的准备。
若有朝一日复国，绝不忘各位的功劳！
有个隐居在有鬲的夏朝遗臣伯靡，他一直在为恢复夏朝而悄悄练兵，当他听说少康的消息后，就率领部队到纶来与少康会合。
为恢复夏朝，消灭寒浞，我愿听您命令！
寒浞现在纵情声色，我们应火速出兵讨伐！
军队的进攻事宜由伯靡将军具体负责！
遵命！
大王，不好了！少康的部队攻进城来了！
夏故都王宫
怎么会这么快就攻进城来？
快命所有兵士死守住王宫！

愚人妄语

后羿杀太康，寒浞杀后羿，正印证了古人的“生于忧患，死于安乐”的至理名言。少康知道，要复兴祖先的伟业，就必须时时刻刻警醒自己，远离声色、游猎，认真做事，用心做人。终于，他率领夏朝遗民，推翻了寒浞的政权，创造了“少康中兴”传奇。

谈天说地

遗腹子少康

少康，全名叫姒少康，是中国夏朝的第六代天子。

说起他来，可有一段传奇的故事啊。他的父亲姒相被奸臣寒浞杀死。在仇敌的追杀下，姒相的妻子后缗只好逃到了娘家有仍氏，生下了遗腹子少康。

少康从小就很聪明。他刚懂人事，母亲就告诉他祖上失国的惨痛教训，叮嘱他日后要报仇雪耻，复兴夏后氏。少康不负母亲的殷殷期望，发愤图强，立志要夺回天下。只要一有机会，他就学习带兵作战的本领。

后来，他在有仍氏和有虞氏的帮助下广施德政，得到了夏后氏遗民的拥护。经过周密的策划，他通过用间、行刺等手段，以弱胜强，最终战胜了寒浞父子，复兴了夏朝。

自从登上王位之后，少康可是宵衣旰食，励精图治。夏朝也从此进入了由“治”及“盛”的局面，出现了夏朝的中兴时代。

贤相伊尹

你听说过臣子囚禁君王的事情吗？这种颠倒君臣关系的做法，在正常情况下是礼法所不容的。但在商朝的时候，就有贤相伊尹硬把国君太甲软禁于桐宫，亲自摄政的故事……

有莘国：在今天的陕西省合阳县东南。

伊尹聪明伶俐，做事用心，很快学得了高超的厨艺。有莘国国君发现伊尹的好厨艺后，任命他为王族专用的庖正，而伊尹经常利用做饭的时间来学习和思考国家大事。
伊尹，听说你要做公主的媵臣陪嫁去商国，是真的吗？
嗯，公主习惯吃我做的饭，所以一定要我陪嫁过去。
商国国君成汤据说是个会用贤才的人，我可以借此机会去试试我的才华能否被赏识。
有莘国与商国联姻，有莘国的公主嫁到商国。
商国王宫厨房
香料若干，和肉放在一起煮……
薛国国君仲虺大人！

媵臣：用于陪嫁的奴隶。

伊尹，国君的客人要见你，快去大殿！
几年前，有莘国王宫大殿。
今天的肉汤很好喝！
我对你煮汤的方法很感兴趣呢！
我只是像善用人才的君主般善用调料而已。
哦？
商国王宫厨房
呵呵，在有莘国和你谈得很投机，但有莘国君不愿把你让给我。
幸好你也来商国了！
您到有莘国拜访时，告诉我商国国君善于用人，所以我……
商王成汤是个非常有见识的人，我已臣服于他。
自有莘国别后，我就一直想为他引荐你。
既然你来了，那我马上带你去见商王！
多谢仲虺大人！

伊尹，左相很推崇你的才智，我想知道你有什么本事？
我是厨子，我的本事是煮饭。但我从煮饭中悟出了治国安邦的道理。
快说来听听！
饭菜要煮得好吃，必须注意调料的搭配与调和。
国家就像一道菜，百姓是原料，要让饭菜可口，还得有调料，而各种贤臣就是调料。
要让菜美味，需要君主把贤臣放到最为合适的位置，让百姓得到很好的管理。

嗯，
有道理。
煮饭还需注意火候，既不能夹生，也不能煮糊。
而君主对待百姓，既不能管制太松，否则百姓会自乱；也不能过度劳碌百姓，否则百姓会作乱，不再支持君主。
说得好！
你就做我的右相，和仲虺一起辅佐我吧！
臣遵命！
此时的夏帝桀很残暴，成汤命伊尹去夏都打听桀的消息。
伊尹，快说说你这次去夏都有什么收获？

夏桀的残暴已经让人民离心离德……
夏都城王宫内
夏王，你这样暴戾会失去天下的！
处死这个家伙！
抗命者一律处死！
大王征兵税，你敢抗旨不交！
呜呜，娘……
所有十五岁以上的男丁明天都去领战甲武器！
大王要去征服东夷诸国！
夏桀你快消失吧！
我们宁愿和你一起消失！
夏桀已失去民心，商国可取而代之了！

九夷：兴起于黄河下游地区的部落。

小小成汤竟敢不来朝贡！
九夷听令！命你们速去讨伐成汤！
成汤，你为何不去朝贡？
我怎敢不去？只因贡品尚未备齐，所以延误了时日。
现在贡品已齐，我正准备去纳贡呢。
成汤见夏桀还能调动九夷的军队，只好带着贡品去夏都向夏桀朝贡赔罪。可成汤一到夏都，夏桀就把他囚禁起来。
成汤被囚，商国上下一片混乱。
夏桀要是不肯放大王回来可怎么办啊？

大家不要慌，我们可以送财宝、美人去把大王赎回来！
其实要赎大王，这几个美女就够了。
呵呵，这次就饶了成汤。
下次再犯，我定斩不饶！
商国
夏桀这个昏君！我定要消灭他！
成汤为剪除夏桀的羽翼，开始削弱、孤立夏桀，攻打夏桀的一些小国。
商王成汤不仅大力加强军事力量，更在伊尹的辅佐下大力发展农业生产。
今年又是大丰收！
我们商国越来越强大了！
这都多亏成汤大王和伊尹大人！
大王，我们已经征服了葛、韦、顾等国。

有缗国：位于山东省鲁西南平原腹地的金乡县。远在氏族社会，金乡是有仍氏（缗姓）聚居的地方。夏商时代为有缗国。

有缗氏听说要增加不合理的赋税，带头反叛夏桀……
但有缗兵力不足，被桀灭掉了，有缗国君被俘。
有缗被灭，其余八夷的反应如何？
大王现在可以主动出击了！
有缗叛乱，这说明九夷已不再听从夏桀的调动。
而有缗被灭的下场，肯定令其余八夷寒心，且人人自危。
嗯。
好！让我们去灭掉昏君夏桀！
是！

南巢：位于今安徽省巢县西南。

亳都：成汤时的都邑，关于亳都的确切位置有很多说法，大致都在河南郑州附近。

伊尹，你是有才华并忠心的人。
希望我死后，你能替我好好教导子孙，不要让他们毁了我辛苦建立的基业。
大王……
臣……定不负您所托！
不久，成汤去世。伊尹立成汤次子外丙继位，外丙在位三年去世，继承王位的三子中壬在位仅四年去世。于是，伊尹立了太丁的儿子太甲继位，太甲是成汤的嫡长孙。
伊尹知道太甲年纪太小，所以经常教导他治国之道。
大王的先祖创业艰难，大王要勤政爱民，把国家治理好。
我知道了，右相大人。
伊尹每天都要教导太甲，年轻的太甲开始感到厌烦。
大王，您在哪里？
嘻嘻，看你怎么找我。
唉，终于走了。
右相每天都那么唠叨，烦死了！

其实右相管理国家就好了，干吗一定要我听什么治国之道。害我现在连玩的时间都没有。
我可是堂堂国君，应该是想干什么就干什么……
对，我是国君！明天开始，我就要做自己喜欢的事了！
从此，太甲再也不理朝政，沉溺于酒色之中，大臣和伊尹的劝告他也听不进去。
第二天
大王，读书时间到了。
我今天不想读书。
你也下去休息吧！
大王，您怎么能……
大王……
你啰唆什么？给我下去！
大王现在不听任何劝告和教导。
再这样下去，成汤先王的基业会毁在他手上呀。
我该怎么做才能让大王改过呢？
哈哈哈！好酒！

桐宫：商代初年，商王出巡的行宫。关于桐宫的位置，历来学者们说法不一，有主扶风征陌说，有主梁国亳城说，有主凤阳亳州说，有主偃师说。

……古代的圣贤，时时都在严格要求自己，造福百姓，把恩德赐给后代……
这些话，伊尹以前好像也给我讲过，为什么现在读起来的感觉不一样呢？
太甲在桐宫中无事可做，再加上有伊尹派来的大臣监督，开始每天认真研读伊尹送来的各种训词。
最近看了很多右相送来的训词和颂扬先王艰辛创业的诗篇……我发现自己以前真的过得很荒唐。

伊尹大人，要不要叫大王？
不用了。
大王现有在每天都用功吗？
是，大王现在每天晚睡早起，总在认真读书。
那就好！
太甲在桐宫三年后
右相大人！

微臣斗胆将大王囚禁在此三年有余，现特来迎接大王回宫！
臣囚君有罪，请大王治罪！

右相大人，您无罪！有罪的是我，让您费尽心思，我实在是惭愧！
大王……

愚人妄语

古人认为君臣关系应该是“君君臣臣”，但如果这样，君就不是真正的明君，臣也不是贴心贴肺的忠臣。为人之臣，一定要像伊尹，面对不思进取的国君太甲，不是唯唯诺诺，而是敢于直谏。在伊尹的“逼迫”下，太甲在桐宫经过3年的反省，终于认识到了自己的错误，于是，励精图治，终于开创了商王朝的新局面。

谈天说地

伊尹放太甲

伊尹为什么要放逐太甲呢？说来话可长了。

先说说太甲。太甲可不是一般的平民百姓啊，他是太丁的儿子，商汤王的嫡长孙，商朝第四位君主。就是这样一位君王，却被贤相伊尹放逐到了桐宫。

事情是这样的：太甲继位之初，由四朝元老伊尹辅政，伊尹连写《肆命》《祖后》等几篇文章，教导太甲遵照祖先的法制，努力做一位明君。在伊尹的督促下，太甲在继位前两年还战战兢兢，谨慎为政。可是从第三年起就开始胡作非为了。他任意地发号施令，一味贪图享乐，恣意暴虐百姓，破坏商汤制定的法规，以致朝政昏乱，老百姓叫苦连天。伊尹虽百般规劝，但太甲就是听不进去，依旧我行我素。没办法，伊尹只好将他放逐到商汤墓地附近的桐宫，让他自我反省。太甲在桐宫期间，悔过自新，伊尹又将他迎回。重新执政后的太甲为政勤勉，克勤克俭，得到了诸侯的拥戴，老百姓的称颂，社会出现了一片歌舞升平的新气象。

武丁选贤

相传商王武丁即位时三年不语，其实他是为了恢复商朝的繁荣，在努力地寻找适当的机会，不拘一格地晋用人才。他想任用奴隶出身的傅说，只是苦于世俗的干扰无法如愿。于是他设一妙计，最终重用了傅说，究竟是什么妙计呢？

方国：异族小国，诸如鬼方、土方，经常入侵商领土抢劫财物。

有天帝保佑，我大商定能降服鬼方！我出征后，朝中政务就要拜托各位了。
吾等会每日祭祀，祈祷大商平安的。
大王放心，大王、王后如此圣明，我大商江山自然是千秋万岁啊！
这就是作为臣子进谏的治世之道吗？
妇好，武丁之妻，善于征战和占卜，是中国古代最早的女将领。
啪！
大王，您不满的是朝中老臣太保守，都喜欢奉承您吧？
没错！我打算集中力量降服周边的方国，以扩大疆土，稳固我朝地位。
所以，希望朝中能有贤臣来替我主持大事，但朝中没几个人能担此重任！

其实我特别希望一个人能来辅佐我，但此人身份比较特殊……
多年前
快！加快夯土速度！
此人叫傅说，是个筑墙的奴隶。年少时父王听信小人谗言，把我放逐于民间，我就在那时候认识了他。
少年武丁
一个奴隶居然胸藏治国大计，看来傅说很不简单啊！
君王就像夯锤，臣子、百姓就像泥土，规章体制像夹板，只有三者结合好，国家才稳固。
官吏贪污，小人当道，君王不勤政爱民、惩办奸佞，何来“大治”？

武丁，其实我经常梦见自己当了国相，辅佐君王，那种指点江山的感觉太棒了！
可是……
那终究只是个梦而已，我一辈子注定当奴隶！
好一个有抱负的傅说，只可惜生错地方了！若我有机会回朝……
傅说，有朝一日我当了国王，一定任你为相，辅佐朝政！
呵，武丁你疯了吧？梦里你当了国王，再任我为相吧！
几年后，父亲把我召回继承了王位。
但如今，也不知傅说身在何方，而且任奴隶为相，大臣和百姓都不会信服的。

啪！
我已想出一个万全之计，只需要你的配合……
第二日
吾王万寿无疆！
唔！
啊！大王，你怎么了？
咕咚——

王后，大王怎么样了？
唉——
大王得的也不知是什么病，虽然醒过来了，但神志不清，不能说话。
好好的，怎么……难道是鬼神降灾？
此后，武丁每日只能被人扶到殿上，接受大臣们的例行朝拜。
我看大王这样也挺好的，我们只需每天朝拜就好，多清闲。
是啊，是啊！

咳咳！
唔！
大王、王后，都城一带旱灾严重，臣认为，应该开粮仓赈灾。
好，甘盘大人，就由你负责这件事吧。
臣领旨。
妇好，幸好有你给我的夷族草药，我才能装出大病的样子。
妇好说过，会尽力帮大王的。
装了两年病，朝中大臣是忠是奸，我已了如指掌，只等着有傅说的消息，就可以行动了。
有劳王后了。
我派人马不停蹄地查访，仍找不到傅说的下落，但我会加派人手继续去寻找的。
时光如梭，三年过去了，武丁仍每日装病上朝。

王后……
大王，傅说找到了，他在傅岩筑墙。
啊！
哦！
我梦见我被厉鬼抓去，后来天帝救了我……
天帝说，国家还由我来治理，并让一个叫傅说的神人来辅佐我。天帝为磨炼傅说的意志，先让他在傅岩当奴隶。
啊……拿……笔来！
啊！！大王醒了！一定是天帝保佑！
快！拿笔和兽皮来！
我把他画出来，你们带着画像去傅岩寻找此人，并带回来，他可辅佐我治理国家。
可是，一个奴隶……
没有天帝就没有我！天帝的旨意你们胆敢违抗？！

傅岩筑墙场
有没有一个叫傅说的奴隶？
大人，我就是！
嗅？！竟然一模一样！
不知所以的傅说就这样被稀里糊涂地接进了王宫。
神人傅说到——
真的如大王所说，有傅说这个人！
他真的是神的化身？
吾等恭请神人傅说进宫，大王有请！
！！
什么？神人……我？
难道我犯了什么大罪了，要让大王来亲自判罚？！
大王，这就是傅说！

奴隶傅说拜见大王！
众卿先退下吧。傅说，你抬起头来，看看我是谁？
沙
沙
原来是这样……
小杂役武丁？怎么会……
傅说，你是个才华横溢的贤人，有你主持朝政我就可以放心在外征战了！
我说你是神人，才说服了那帮老臣，你一定要答应辅助我啊！
大王……
大王，傅说愿为您赴汤蹈火，在所不辞！
武丁任命傅说为左相、甘盘为右相，共同主持朝政，并将一些奸佞之臣以天帝的名义革职。

在傅说的辅佐下，武丁精于朝政，国家变得富足安康。
请先祖保佑我商军顺利征伐鬼方！
强大起来后，武丁开始征伐没有归顺的方国。
大商的战士们，随我出征！
噢——
大王您放心出征吧，愿大王早日凯旋！
傅说，朝中政务就交给你了！
不出几年，武丁和妇好率军征服了鬼方等方国，使商的版图达到了最大的范围。
妇好、傅说，你们看，周边各族多已归附我朝，多么辽阔的疆土啊！

愚人妄语

傅说，一个奴隶，要成为国相，可能吗？他做到了。因为有武丁这样贤明的君主，慧眼识才。要不，就算傅说再有才华，也只能是老死于版筑之间。由此可见，成就功名，光有才能还不行，还要有人发现，有人提携，要不然，也只能是一腔热血向东流啊！

谈天说地

巾帼第一人

说起商朝的文治武功，无疑是商高宗武丁时代最为强盛。武丁在位五十九年，他通过一连串的战争把商朝的版图扩大了数倍，用武力将四方诸侯囊括在自己的羽翼之下。不过，说起来也许你不会相信，帮助武丁带兵东征西讨的大将，竟然就是他的王后妇好。据说，有一年夏天，武丁率兵北伐，敌我双方相持不下。就在这个时候，妇好自告奋勇，要求率兵对阵。武丁一听：“就你？一个妇道人家，能行吗？”犹豫不决的武丁，通过占卜问神，最后才决定派妇好统兵，结果是大获全胜。从此以后，武丁就让妇好担任军队中的最高统帅，命令她东征西讨。妇好不负夫君的厚望，接二连三打败了周围二十多个方国（独立的小国）。

妇好不但能带兵打仗，而且还是国家的主要祭司，经常受命主持祭天、祭祖、祭神灵等各类祭典。要知道，商朝可是个迷信鬼神的朝代啊，所谓“国之大事，在祀与戎”。妇好是既“祀”又“戎”，可见当时她的权力之大。我想，就算是当时的商王武丁，也许都要让她三分呢。难怪史学家说妇好是巾帼第一人，确实是名不虚传啊。

暴虐的纣

商末代国王纣贪酒好色，又高赋重税，残酷地压榨人民。他还大施淫威，将不满他暴行的臣民，用一种叫作“炮烙”的刑具活活烤死。更有甚者，剖开妇人腹部取胎儿为乐，真是残忍到了极点。但纣王的种种暴虐行径，终于使他陷入众叛亲离、民怨沸腾的孤立境地……

朝歌：今天河南省北部的淇县，是中国历史上最早的繁华都市之一。

鹿台：商纣王所建的宫苑建筑，地点应在朝歌附近。

这鹿台……美人太少了点儿……
对！缺美人！
费仲，你太有眼力了！
令四方诸侯各送美女百名，充实后宫！
是！
嗯。
孩子……
走！
爹……娘……
大王，其实这些美女都还不是最美的。
哦？
苏护侯的女儿妲己，生得花容月貌，堪称天下绝色……

真的？那快让苏护侯把妲己送进宫来！
苏护侯府
因我多次指责他，他竟陷害我的女儿！
费仲这个小人！
爹，找个和我相似的美貌女子替我进宫，
您看这样行吗？
好，试试看！
苏护侯真的在民间找到一个与妲己相似的美女……
呵呵，不知道做王妃好不好玩呢？
大王，这就是苏妲己。
大王……

就让妲己当
王后！
好，好！
美人，怎么
不高兴？
王宫很漂亮，
但是太无聊
了！我快要
闷死啦！
我给你想
法解闷。
嗯。

酒池肉林：酒池之大，可供三千人牛饮，树木上挂着鱼肉，裸体的男女在这里跳舞、作乐，形象地反映了纣王的奢侈腐化生活。

大王，造反的奴隶已全部被抓起来了。
全都处死！
大王，处死都是怎么样的死法呢？
……
就是把他们都砍头！
就这样？真没意思。
不如我们想个好玩的处死方法吧！
爱妃有什么好主意吗？
啊！
呼呼呼呼——

炮烙之刑：炮烙本作“炮格”。相传是商代所用的一种酷刑。用炭烧热铜柱，命令有罪的人爬行其上，人堕入火炭中就被烧死。见《史记·殷本纪》。

奴隶造反是被逼无奈！
妲己是个妖女！她想出这样残忍的刑罚，是要害我大商亡国呀！
大王，他骂我是妖女……
放肆！你竟敢胡说！
我乃天命所受，怎么可能亡国！
你既然同情这些逆贼，那就跟他们一起品尝炮烙的滋味吧！
妲己，你这个狐狸精！
大王，不要受妖女迷惑呀！
啊！
呵呵，这些人里面就数他叫得最好听呢！
哈哈——

大王宠爱妖女妲己，日日寻欢作乐，不理朝政。
大王还不愿接见我们大臣，这可怎么办呀！
唉，大王本来才识过人，但现在……
我身为王叔，希望他还能听我一劝。
比干求见！
王叔找我干什么呢？
大王，您现在不行仁义，百姓怨声载道啊！
请您放逐妖女，重修仁政，不然我大商……
可恨！你又在蛊惑人心！
别人都说你是圣人，心有七个窍，今天，我倒要看个明白！

来人，把比干的心剜出来！
大王，你……
从此，再没有大臣敢向纣王进谏。
姬昌看似忠诚，其实内心奸诈，大王可得小心。
大王，西伯昌对您杀比干好像很不满呀！
听说他背地里还骂您是昏君呢！
大胆西伯昌！
西伯姬昌，的确要小心对付！
西伯侯还手握重兵，这对大王可是一个威胁啊！
有了！把姬昌召来，再把他囚禁，看他还能怎样！

羑里：在今河南省汤阴县北，现在的羑里城是商周时期蕴涵丰富的文化遗址。伯邑考：晋人皇甫谧撰的《帝王世纪》认为，伯邑考是周文王的长子，但在《史记》中并没有提到这个人物。

西伯侯……
我的孩子……
逆子触犯天颜，理应正法！
今食子肉，定将大王恩德牢记在心！
咕嘟——

愚人妄语

商纣王死了，商王朝灭亡了，是天意还是人祸？俗话说，辱人者，自取辱之。商纣王在其统治时期，大施淫威，滥用酷刑，以致民怨载道。由此看来，周武王能取而代之，仅仅是顺应民意而已。试想，假如商纣王施仁政，顺民心，得天时地利，就算周武王有撼天动地的本事，又能把他怎样？

谈天说地

鹿台与酒池肉林

一提起商纣王，可以说是家喻户晓。可是，你知道鹿台与酒池肉林的故事吗？

商纣王是商朝的末代帝王。他整日胡作非为，不尽心朝政，过着荒淫无度的生活，弄得全国各地是哀鸿遍野、哭声一片。虽然有像箕子、比干等忠臣的劝谏，可是他哪里听得进去呢？唯一能让他听得进去的话就是宠妃妲己的谗言。

不仅如此，纣王还大兴土木。为了供自己玩乐，他不惜财力、物力，建造了雄伟的鹿台。按照姜子牙的预计，这个工程要完工需要35年。可是，纣王命令北伯崇侯虎监造鹿台，仅用了2年4个月。如果不是在酷刑的威逼之下能做得到吗？

鹿台刚建成，纣王又突发奇想，下令在沙丘平台用酒装满池子，把烤好了的各种动物的肉割成一大块一大块的，挂在树林里，叫作“酒池肉林”。你看他多神气，带着男宠女妃一边游玩，一边随意吃喝。生活荒淫至极，商朝哪有不灭亡的道理？

历史橱窗

▲大禹陵入口

▲绍兴大禹陵内的禹井亭

▲大禹陵碑亭，“大禹陵”三字为明人南大吉所书。

▼高瓦飞檐、红墙四围、气象庄严的禹庙。

▲ 河南安阳殷墟宗庙祭祀坑

▲ 安阳殷墟博物苑内的车马坑

▲ 河南安阳殷墟妇好墓室

◀ 殷墟妇好（商王武丁的妻子）墓塑像和飨堂

▲安阳汤阴羑里城演易坊。羑里城是中国有文字记载以来第一座国家监狱。商朝后期，西伯姬昌（周文王）曾被纣王囚禁在此数年。这期间，周文王将伏羲先天八卦改造为六十四卦。

图书在版编目（CIP）数据

夏商：文明从这里起步／沈山明，李冰编.—南昌：江西高校出版社，2017.3

（历史画中话）

ISBN 978-7-5493-5205-0

Ⅰ.①夏… Ⅱ.①沈… Ⅲ.①中国历史—夏代—青少年读物 ②中国历史—商代—青少年读物 Ⅳ.① K221.09

中国版本图书馆 CIP 数据核字（2017）第 054435 号

责任编辑　刘建梅

装帧设计　小龙工作室

出版发行	江西高校出版社
社　　址	江西省南昌市洪都北大道 96 号
编辑电话	（0791）88511517
销售电话	（0791）88170198
网　　址	www.juacp.com
印　　刷	唐山新苑印务有限公司
经　　销	全国新华书店
开　　本	787mm×1092mm　1/16
印　　张	7
字　　数	70 千字
版　　次	2017 年 3 月第 1 版
	2017 年 3 月第 1 次印刷
书　　号	ISBN 978-7-5493-5205-0
定　　价	25.00 元

赣版权登字 -07-2017-252